Disney

Tod y Toby

Ediciones Gaviota

Gran Mamá, la vieja búho, y sus amigos Dunky, el gorrión, y Boomer, el pájaro carpintero, encontraron una mañana, junto a una granja, un zorrito. La noche anterior se habían oído disparos… ¡un huérfano! Había que ayudarle, pero ¿cómo? Gran Mamá tuvo una idea. Las tres aves cogieron ropa tendida y la echaron sobre el animalito. La granjera corrió tras ellas y le vio.

—¡Un zorrito! ¿Y tu mamá?

La señora Tweed era una amable viuda con muy buen corazón: adoptó al zorrito y le puso de nombre Tod.

Ese mismo día, Amos Slade, un cazador que vivía cerca de la granja de la señora Tweed, encontró un cachorro abandonado, al que llamó Toby. Amos se lo enseñó a Jefe, su viejo perro de caza.

—Toby es aún muy pequeño, pero crecerá —dijo Amos a Jefe—. Y llegará a ser un perro cazador tan bueno como tú.

Un día Toby notó un olor muy raro.
Fue a investigar…, y encontró a Tod.
—Hola —dijo Tod—. ¿Qué haces?
—Estoy siguiendo un rastro —contestó Toby—.
Y me parece que eres tú.
Los dos animalitos se hicieron muy amigos.

A menudo, Tod iba a jugar con Toby a su casa. Pero un día, Jefe le vio, y echó a correr tras él ladrando. A las gallinas les asustó mucho el alboroto.

—¡Un zorro! —gritó Amos.

Se montó en la camioneta y salió en persecución de Tod disparándole con el rifle.

Por suerte para Tod, encontró a su ama conduciendo el coche. Al ver lo que ocurría, la mujer cogió la escopeta y disparó al radiador de la camioneta. La señora Tweed era muy buena, pero tenía mucho genio.

—Amos Slade —dijo—, esto te enseñará a no perseguir a los animales de la gente honrada.

Amos se asustó, pero decidió vengarse.

Pasó un año. Tod dejó de ser un cachorro y se convirtió en un magnífico zorro. Gran Mamá, Dinky y Boomer le visitaban con frecuencia. Eran sus amigos. Pero él quería sobre todo a Toby. ¡Habían jugado tanto juntos de pequeños! Una noche, Tod fue a verle.

—Tod, debes tener cuidado —le dijo Toby—. Ahora soy un perro de caza. Mi misión es perseguir a los zorros, y no ser su amigo.

Efectivamente, Amos Slade seguía queriendo acabar con Tod.

Tod consiguió escapar de los dientes de Jefe y las balas de Amos, pero la señora Tweed, para salvarle, le dejó en libertad y lo soltó en el bosque. Allí Tod estaba solo, pero Gran Mamá le presentó a Vixey, una encantadora zorrita.

Muy pronto, Vixey y Tod
se hicieron amigos…,
¡más que amigos! Eran muy
felices. Pero Amos les descubrió.
Preparó los cepos y cargó el rifle.
—¡Esta vez los mataré! —dijo.

Puso las trampas, por si lograban huir, y ya los tenía a tiro cuando apareció un enorme oso. Le habían despertado… ¡y estaba furioso! Amos retrocedió, pisó un cepo… ¡y la trampa se le cerró en el tobillo! Toby atacó, pero el oso le dio un zarpazo y le dejó sin sentido. Vixey y Tod lo habían visto todo.

—¡Allá voy! —dijo Tod—. ¡Tengo que salvar a Toby!

Tod se enfrentó al oso. El inmenso animal le siguió por un tronco sobre el río. Ya iba a destrozarle cuando el tronco cayó, y arrastró al oso y a Tod.

El zorro llegó a la orilla, agotado.
—¡Ya es mío! —gritó Amos, que había conseguido librarse del cepo.
Pero Toby se interpuso entre Tod y el rifle.
—¡Aparta, Toby! —ordenó Amos.
Toby no se movió. Entonces, de repente, Amos comprendió el valor de la amistad.
—Está bien. Vamos a casa —dijo.

La señora Tweed curó a Amos la pierna. Desde lo alto de una colina, Vixey y Tod les observaban.

—Ahora se llevan bien —dijo Tod.

—Sí —dijo Vixey—. Y, ¿quién sabe? Cuando nace una amistad puede ocurrir cualquier cosa.

1998 EDICIONES GAVIOTA, S. L.
Manuel Tovar, 8
28034 MADRID (España)

ISBN: 84-392-0104-4
Depósito legal: LE. 1.367-1998
Printed in Spain - Impreso en España
Editorial Evergráficas, S. L.

PREGUNTAS

1. ¿Cómo se llama la granjera que recoge al pequeño Tod?
2. ¿Por qué la señora Tweed dispara contra el radiador de la camioneta de Amos Slade?
3. ¿En qué se convierte Toby un año después?
4. ¿Por qué la señora Tweed suelta a Tod en el bosque?
5. ¿Por qué persigue Amos Slade a Tod?
6. ¿Cómo se llaman los amigos de Tod?
7. ¿Qué hace Tod por su amistad con Toby?
8. ¿Y qué hace Toby por su amistad con Tod?
9. ¿Por qué Amos Slade no puede enfrentarse al oso? ¿Seguirá persiguiendo Amos Slade a Tod?

1. Colorea a los pequeños Zod y Zoby.
2. Dinky no sabe qué camino seguir entre las aguas para llegar al cuenco de alpiste. ¿Podrías ayudarle?
3. ¿Eres capaz de dibujar el escarabajo del tronco de un solo trazo, sin levantar el lápiz del papel y sin pasar dos veces por el mismo sitio?
4. En la ilustración hay escondidas cuatro gafas. ¡Encuéntralas!

O H U B A M A M B N J N Y
V A M O S S L A D E C K B
B I A O V H D A F O N S O
F B X M J G R E N I T O T
E M D E E W T A D U I V C
B O P R Y E X Y V C N C N
1
2
3
4
5
6

5. Localiza en la sopa de letras los nombres siguientes: AMOS SLADE, BADGER, BOOMER, DINKY, JEFE, MAMÁ BÚHO, TOBY, TOD, VIUDA TWEED y VIXEY.
6. De todos los objetos que hay en la caja, sólo uno está repetido. ¿Sabes cuál es?
7. Y todos los trastos que hay a la derecha de Jefe guardan relación entre sí, excepto uno. ¿Cuál es el que sobra?
8. Sólo uno de los trozos que están en el suelo encaja exactamente en el plato roto. ¿Qué trozo es?

9. El dibujante se ha vuelto a equivocar y ha introducido cinco elementos absurdos en la ilustración. Ayúdanos a descubrirlos.
10. Las setas a los pies de Zod y Vixey están ordenadas siguiendo una secuencia lógica. ¿Cómo sería la seta que continuaría dicha serie?
11. ¡Vaya lío de corazones! ¿Sabes decirnos cuántos hay?
12. Une los puntos del 1 al 54 y aparecerá un dibujo.

RESPUESTAS

1. La señora Tweed.
2. Para impedir que Amos Slade siga disparando a Tod.
3. En un perro de caza y, por tanto, en enemigo de los zorros.
4. Para alejarle de Amos Slade y salvarle.
5. Por dos razones: la primera, porque es cazador, y la segunda, porque tiene gallinas y cree que Tod quiere comérselas.
6. Toby; Gran Mamá, la vieja búho; Dinky, el gorrión, y Boomer, el pájaro carpintero. Y Vixey, la zorrita, por supuesto.
7. Hace frente al oso, a pesar de que es un animal enorme y está furioso.
8. Le salva la vida, colocándose delante de Tod para que su amo no le dispare.
9. Porque ha caído en una de sus trampas.
   No, porque acaba haciéndose amigo de la señora Tweed, y ella jamás lo permitiría.

SOLUCIONES A LOS JUEGOS

2. 

3. 

4. Unas gafas están entre las vetas del tronco; otras, entre las aguas; las terceras, entre las hojas de la derecha, y las últimas, entre las piedras del suelo.

5. 

6. Sólo se repite la taza.
7. Sobran los guantes. Son los únicos que no están hechos de metal o de madera.
8. El trozo n.º 5.
9. Hay un árbol boca abajo; un barco en la montaña; un coche en el árbol; la montaña está partida, y hay una piscina en la ladera del barranco.
10. 

11. Hay 22 corazones.